GEDICHTE

VON

Armin H. Bisson

mit einem Nachwort von
Charlotte Heck

Bibliografische Information der Deutschen Nationalbiblio-
thek: Die Deutsche Nationalbibliothek verzeichnet diese
Publikation in der Deutschen Nationalbibliografie; detail-
lierte bibliografische Daten sind im Internet über
http://dnb.dnb.de abrufbar. ©Armin H. Bisson - insbe-

Cover und Illustration Armin H. Bisson

Herstellung und Verlag
BoD – Books on Demand, Norderstedt

ISBN 978-3-751-90632-6

Karlsruhe, 04/2023

Ja, ich wünschte, meine zum Gedicht gefassten Worte wären dem Leser das, was sie mir sind, mehr als Worte, mehr Klangbilder des Geistes.

Ja, ich wünschte, meine Gedichte wären dem Leser das, was sie mir sind, mehr als Gedichte, mehr Melodien des Herzens, die seine Seele (an)rühren und so das schönste und edelste in ihm erstrahlen lässt.

Ja, ich hoffe, ich kann dieses großartige Geschenk, das mir zuteil wurde, an den Leser weiterreichen.

Armin H. Bisson

Inhalt

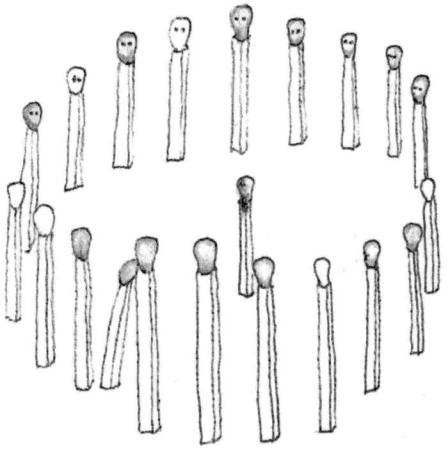

Außerhalb

der Erwartungen
liegt das unbekannte Land.

.

Ausrichtung

Bilder aus dem Frühjahr 1945. Die Exponate, eine Auslese menschlicher Abgründe. Das Land leidet, die Menschen graben sich mit Feuereifer unter die Erde. Der schnarrende Klang von Befehlen geht durch Mark und Bein. Pflichterfüllung, das Gebot der Stunde, hängt wie klirrende Kälte über namenlosen Gesichtern vergessener Soldaten.

Ein Junge steht inmitten von Ruinen, abgemagert wie die nährende Mitmenschlichkeit. In ihm vereinen sich zwei Wüsten, eine innere und eine äußere.

Nachgeborene Moralisten eröffnen die Vernissage. Pflichtbeschwörend stehen sie selbstgefällig am Rednerpult, verurteilen, belehren mit schnarrender Stimme, befeuert von stehendem Applaus aus arglosen Gesichtern. Bin ich einer von Ihnen? War ich einer der Namenlosen? Ekel kriecht in mir hoch. Ich muss hier weg, gehe durch die weit offene Tür der Selbstzweifel hinaus auf die Straße.

Gegenüber wächst die gläserne Neubaufassade einer Versicherungsgesellschaft in den Himmel. Aus verdunkelten Fenstern leuchtet der Schriftzug

! Vorsorge vor Sorge !

13

rhythmisch auf wie die Signale einer Warn-blinkleuchte. Mit babylonischen Fußnoten besiegeln die Recht schaffenden verpflichtent die Rechte und Pflichten der Rechtschaffe-nen.
Die Geschäfte mit der Angst laufen prächtig. Anonyme Passanten eilen vorbei. Ein junger Mann kommt lächelnd auf mich zu. In seiner ausgestreckten Hand hält er mir wortlos ei-nen bedruckten Flyer hin wie ein kostbares Exponat!

!!! Für unsere Kinder !!!
!!! Rettet die Ozeane !!!

Ein geräuschloser Krieg der Ideologien ist aus den Köpfen fassbar in die Welt gesprungen. Haltlose Blätter tanzen auf dem Asphalt, ver-wehen mit dem Wind. Der Himmel über uns singt andere Lieder.

Axiome

Über den Wolken zerriebener Träume
klärt sich der Blick auf sich selbst.
Andere Wirklichkeiten füllen das
Vakuum. Zeit der Erneuerung. Die
Seele häutet sich wieder und wieder.

Unten im Berg hämmernde Kinder,
lebende Tote graben nach seltenen
Erden für die Herrlichkeiten fremder
Welten. Grabenbrüche gegen die
Mitmenschlichkeit, gegen die Vernunft.

Sie liegt wartend auf dem großen Bett.
Ich sehe sie, ihre samtene Haut,
ihr wallendes Haar, sie ist schön!
Ihr leuchtendes Aug, ihre weite Seele,
mein Glücksfall. Auf dem Nachttisch
das Smartphone voll seltener Erden
mit eingeschaltetem Weckruf.

Ferne Tränen schleichen sich ins
Gemüt, schlüpfen unter die Tage und
Nächte, wie ein entglänzter Gedanke.

Brandmal

Am helllichten Tag, mitten
im Gedränge der Altstadt.
Begehrlichkeiten kommen
und gehen. Oben am Himmel
pflügt ein einsames Flugzeug
geschäumte Spuren in die
Luft, gleich der Kielwasser-
linie eines Kreuzfahrtschiffes.
Ich eile spurlos durch die
Straßen. Wohin bin ich
unterwegs? Wohin gehen wir?
Diese nagende Ungewissheit
tragen wir in uns, wie ein
Brandmal auf der Seele.

Es ist Mittag. Ich liege auf
dem Sofa und tagträume
von einem Adler, der hoch
in den Lüften majestätisch
seine Kreise zieht. Unter
ihm ein uralter Wald.
Aus seinem Unterholz
kriecht ein tiefroter Käfer,
krabbelt auf mich zu,
sieht mich an, bewegt seine
Mundwerkzeuge so, als wolle

er mir in seiner Sprache etwas
sagen, einer Sprache,
die ich nicht verstehe.
Resigniert macht er kehrt
und wandert zurück ins Dunkel.

Ich drehe meinen Kopf zur anderen
Seite. Ein Mann steigt einen Berg
hinauf, seiner Zukunft hinterher.

C o d e

Ich stehe an der Supermarktkasse.
Mit geschmeidigen Armzügen
wie eine Schwimmathletin,
die unter aller Augen
gegen die Zeit anschwimmt,
zieht die Kassiererin aufgelegte Waren
über einen Barcodescanner.
Jedes Resultat wird quittiert,
so auch der Umsatz an Freundlichkeit,
doch dieser wird ins Innerste geschrieben.

Diese eine

Wir alle gehen diese eine Straße.
Über ihr, auf dem Regenbogen
der Hoffnung, tanzen Engel
und Teufel um die Vorherrschaft.

Unter unseren Sehnsüchten,
auf Bänken der Ungeduld,
lagern all überall Herzträume.
Manche werden Frucht,
andere werden Stein.

Wir alle gehen diese eine
Straße wie auf einem
taubblinden Förderband.

Dinglich

Der blutende Apfel, das rostene
Messer. Du sprichst von Freiheit,
der Freiheit Gefängnisse zu bauen.

Menschen treiben durch Straßen
und Gassen wie Eisberge auf hoher
See. Nur ihre Spitze ragt aus dem
Dunkel, ihrem verborgenen Selbst.

Du sprichst von der Freiheit des
Willens, mit deiner Kindheit im
Gepäck. Es sind so viele Welten
in der Welt, so viele Welten.

Alles wächst wie es kann,
wächst seinem Ende zu,
die blutenden Äpfel,
die rostenen Messer.

Durchreise

Das Wartezimmer, eine Lichtung offener Antworten, ist bis auf den letzten Sitzplatz belegt. Im Raum wabert eine Atmosphäre des Schweigens, die sich über das Mitgefühl legt wie ein blickdichter Schleier. Diese Warterei. Immer und überall diese Warterei. An der Supermarktkasse, bei der Post, an der Tankstelle, heißt es Schlange stehen, warten. Mir kommt das Bild, dass die Erzfeinde medizinischer Versorgung, Gesundheit und Tod, unwiederbringlich die Wartezimmer der Welt verzehren. Wie aus dem Nichts wird mit heller Stimme ein Name in den Raum gerufen. Die Frau gegenüber reckt sich gerade. Noch sitzend umgreift sie mit beiden Händen die silbrig glänzenden Rundstangen des Tragegestelles der blau gepolsterten Stuhlsitzfläche so fest, dass ihre Handknöchel weiß hervortreten. An der Wand hinter ihr hängen zwei holzgerahmte Aquarelle. Insellandschaften mit reetgedeckten Hausdächern und Bunen die sich wie Finger haltsuchend in das Watt krallen. Wie alt sie wohl ist? Um die fünfzig vielleicht? Ihr apartes Gesicht wirkt maskenhaft erstarrt. Mit ihren großen braunen Augen blickt sie unverwandt gerade aus durch mich hindurch, als schaue sie in eine Leere, wie eine überführte Angeklagte vor dem Richtspruch.

Von draußen hört man Vogelgezwitscher. Kirchenglocken fallen ein. Welch dunkelschwangere Symbiose, diese entrückte Frau und das himmelwärts ziehende Glockengeläut. Versunken lausche ich dieser kraftvollen Melodie nach. Als ich wieder aufschaue, ist der Stuhl der Frau verwaist Durch ein Fenster kann ich tanzende Baumkronen sehen. – Ob Bäume das Gefühl der Freude kennen, Hm? –

Ein betagter Mann tritt grußlos ein. Für einen Augenblick steht er suchend im Raum wie ein Gedanke. Ungelenk lässt er sich geräuschvoll auf dem leeren Platz der vergangenen Frau nieder. Mein Aug fällt wiederholt auf einen Stapel Zeitschriften. Zu Oberst leuchtet mir eine ungelöste Rätselseite entgegen, als wäre sie das Leben selbst.

E b e n n o c h

Mit so vielen Gesichtern
wanderte ich entlang der
Morgenröte. Geschmolzene
Erinnerungen duftloser
Gestalten. Herbstbaladen
laden zur Rückschau.
Irgendwo singt ein Vogel.
Wind pfeift durch morsches
Laub. Die Luft schmeckt
wässrig. Granitstufen beglänzen
mein Aug. Ich lausche unzähligen
Schritten nach. Das Eis schmilzt.
Ein Löwenzahn reckt sich
hungrig in die Abendsonne.
Entwurzelt beuge ich mich
über sein sattes Gelb. Eben
noch wanderte ich entlang der
Morgenröte – eben noch –.

Eile dich

Eile dich
es zu erjagen
das quäntchen Glück
für ein gelungenes Leben,
bar aller Fallstricke.

Eile dich
es zu erjagen
das quäntchen Glück
für ein gelungenes Leben,
die Jäger sind nah.

Einander

Gedanken	über	einander
formen		
Erwartungen	an	einander
gestalten		
Umgang	mit	einander
befördert		
Neigung	zu	einander
prägt		
Gefühle	für	einander
färben		
Bilder	von	einander
wirbeln		
Hormone	durch	einander
treiben		
Menschen	um	einander

Eintrag

Vor mir der sommerliche
Wald, eine Symphonie aus
Grüntönen. Baumwurzeln
räkeln sich über den Boden
wie knochige Finger. Der
Wald wimmelt von unsicht-
baren Augen.

Ein alter Grenzstein,
halb eingesunken in
die gebärende Erde
– genährt vom gärenden Tod –,
steht gedrungen zwischen
zwei Eichen.

Während ich angestrengt
versuche seine Inschrift zu
entziffern, fegt eine Windböe
pfeifend durch die mächtigen
Baumkronen. Dabei ist mir,
als ob der Grenzstein mich
anstarrt, während gleich-
zeitig eine fremde Stimme
schabend durch mein
Innerstes kriecht.
„So viele habe ich kommen

und gehen sehen, mit nichts
als ihren rieselnden Stunden
im Gefolge.
Sag Mensch, wer bist du,
Freund oder Feind?
Sag Mensch, wer bist du dir?
Freund oder Feind?"

Figuren

Im Gemüt leere Räume.
Wo sind all die Hoffnungen
hin? Gestern noch standen
sie am Horizont meiner
Vorstellungskraft wie
Wolkenkratzer.

Auf dem Beifahrersitz ein
junger Mensch, den Blick
nach vorne gerichtet mit
weit geöffneten Pupillen, so,
als wollten sie das vorbei-
rauschende Wissen der
Welt einsaugen.

Regentropfen prasseln auf
die Windschutzscheibe.
Gelassenheit hängt in
blühenden Obsthainen.
Neben mir im rollenden
Raum sitzt ein junger
Mensch, ein Bild wie eine
Zeitreise zu mir selbst.

Freigeist

Habenhatz in Einwegstraßen.
Lärmendes Schweigen dröhnt
auf dem Asphalt. An den
Rändern erheben sich leere
Hände. Das Auge flieht hin zu
heimatlosen Schätzen. Lose
werden eingelöst. Fangnetze
ummanteln arglose Seelen.
Freigeist strömt durch engste
Maschen.

Galerien

Es gibt Minuten, Stunden,
da muss ich alleine sein,
alleine mit meinem
Gedankengefühlgemenge.
Manches Mal rattert meine
innere Stimme los wie
ein Kettenförderer, der
sperriges Verwirrgut
aus dem Halbschatten
an das Licht befördert.
Dann werde ich zum
Bibliothekar meiner
Erinnerungen.

Gaukler

Entwurzelte Schatten türmen
sich engmaschig auf bunt
bezierten Flößen.
Uferwärts erschallt der Ruf
der Gaukler „seht die Trosse,
seht die Trosse".
Im Abendgrau weht Unwetter
übers Land. Stromabwärts
treibende Taue summen Lieder
der Hoffnung. Verschämt
schweigen die Schatten.
Halblichte Hände begreifen
wieder und wieder anker-
lose Leinen. Fern der Wasser
reihen sich freudig erregte
Wächter auf Logenplätzen.
Welle auf Welle trommelt die
Hymne der Gaukler,
„die Herde ist gerettet,
die Herde ist gerettet",
über aller Ohren zusammen.
Traumlüsterne Augen verzehren
sich nach blechernen Lobprei-
ungen. Die Gaukler feixen.

Gegengewicht

Die Wucht des Begehrens
pflügt sich durch die
Eingeweide der Moral.
Sie wälzt den Himmel zur
nachtkalten Erde, hebt
erdschwarzen Sumpf
in das Licht der Gestirne.
Engel fliehen. Mit ihnen
verschemt das Licht der
Liebe. Der Aufruf zum
Schweigen hängt, wie
das Gegengewicht einer
Standuhr, in den Lüften
und wiegt die Zeit.

Geruch

Beim Gang durch
Einkaufsstraßen eilen
namenlose Gesichter
vorbei. Unter ihren
alltagsgegerbten Hüllen
ruht das Meer der Liebe.
Jeder Tropfen davon
kostbarer als die
kostbarste aller Perlen.

Ein Gesicht trägt
Jahresringe des Lebens,
wie eine Zeitung Schlagzeilen.
Stürme der Wahrheit
erschüttern das Gemüt.
Ihr Geruch tropft,
schwer wie Stein,
in die aufgewühlte See
der Liebe.

Gesichter

Eingesunken in den wärmenden
Kokon meines Bettes, gleitet
mein Bewusstsein auf den
Grund meines Gedächtnisses.
Beim Eintauchen in den Schlick
meiner Erinnerungen wirbeln
Bilderwolken empor. Einige
treiben gestochen scharf vor
mein Aug, wie Hinweisschilder
in einem Museum. Blitzlichtartig
wechselt die Szenerie. Ich wandere
durch kaltgrauen Morgentau ent-
lang einer Flussbiegung. An ihrem
Ende treffe ich auf ein blutjunges
Altenheim. Seine Innereien sind
geordnet wie Schließfächer in
einem Banktresor. Beseelte Zimmer
beherbergen die Eigner lebenslang
angehäufter Schätze an Wissen und
Erfahrung, unsichtbar geworden für
die Welt, unsere Welt, in Gang ge-
halten von marschierenden Armeen
hungriger Fragezeichen.

Gewicht

Es ist überwältigend zu sehen,
wie aus kleinsten Krumen
Wiesenerde Leben sprießt.
Eine Blütenduftwolke tränkt
die Luft wie ein Versprechen,
das sagt: Alles ist gut!
Ein Steinwurf hinter mir
steht ein tausend Jahre
altes Gotteshaus. Seine
Glocken läuten vielstimmige
Lieder von den Verheißungen
der Moral der Mächtigen.
So vieles im Leben hat Gewicht.
Als gutes Beispiel vorangehen,
nach oben streben, wie die
zwölf Säulen im Kirchenschiff.
Jede steht für sich, eingeankert
wie ein Dogma. Kreuzwegreliefe
erzählen von zerschmetterten
Träumen und der Hoffnung
auf ein besseres Leben. Indes
sind die Glocken verstummt.
Meterdicke Sandsteinmauern
verzehren lautlos die Geräusche
der Welt. Kein Ton dringt herein.
Die innere Stille frisst sich durch

meine selbstgeschmiedeten
Rüstungen. Erinnerungen
wiegen manches Mal schwerer
als das Hier und Jetzt. So
vieles im Leben hat Gewicht.
Eine Armlänge vor mir,
schwer beladen mit Blüten-
staub, fliegt eine Biene neues
Leben in die Alte Welt.

Gitterstäbe

Es gibt Orte, da zählt
mehr was man hört, als
das, was gesprochen wird.
Die Jagd auf Erfüllung
der eigenen Wünsche,
diesem Schöpfrad des
Hungers, wird mitunter
zum Tunnelblick durch
Gitterstäbe. Kaum Einer
sieht das Kreuz des Anderen.
Es gibt Tage, da werden
lichte Gedanken, dunkel
wie mondlose Nächte.
Der Kampf in
uns selbst bestimmt,
wem wir folgen.

Glaube

Wenn ich bedenke,
wie die Angst ob des Anfangs
nach dem Ende,
uns, an den Glauben glauben lässt!

Wenn ich bedenke,
wie der Glaube an den Glauben
nicht Wissen behände,
zur Wahrheit werden lässt!

Wenn ich bedenke,
wie der Glaube an die Wahrheit
bis zum Ende,
unzählige Hoffnung schöpfen lässt!

Wenn ich bedenke,
wie über der Hoffnung aller Religionen
mitunter Glaubensgeneräle thronen,
deren Anspruch Wahnsinn gedeihen lässt!

Wenn ich bedenke,
wie oft der Wahnsinn getragen
von Glaubenssoldaten, das Wesen
des Glaubens missbrauchen lässt!

Ja, dann wünschte ich,
dass wir Alle in des Glaubens Wesen
zur Liebe genesen,
und Jeder, Jeden seinen Glauben
glauben lässt!

Grenzwall

Angetrieben
von dem unsichtbar
ins Hirn gemeißelte
- du musst -
drehe ich mich
kreiselhaft um mich
selbst, als wäre ich
ein lebenshungriger
Soldat in Kriegszeiten,
der willfährig jeden
Befehl ausführt.
Hin und wieder
tolpatsche ich durch
die Landschaft meines
Gemüts wie ein
Einzelkämpfer beim
Geländelauf, der
angespannt nach
Orientierungspunkten
sucht.
Andermals gehe ich
durch lichten Wald,
über weite Felder,
satte Wiesen,
lasse Baumblätter
im Wind tanzen,

lege mich zwischen
Wildblumen ins
hohe Gras,
atme staunend
den Geruch der Erde
zu der ich werde.
Dabei kann ich
manchmal hören,
wie meine Gedanken,
hin- und hergerissen
zwischen Glaube und
Vernunft, ihre
Klingen kreuzen.

Herrschaft

Alltagsgrau flößt Hoffnungen
in das perlschwarze Tal
des Versäumten.
Das bittere Dunkel ist
voller Geräusche.
Schweig es hell.
Wirf dein Herz
ins Licht, dem
Glückspfad entgegen.

Himmelwärts

Erdig schmeckt
Neonlicht Sünde.

Beseeltes Aug
hab acht
auf dich.

Versprecher
versprechen
Feuerschlünde.

Im Schmerz
zerfließt
erstarrtes Herz

dunkle Pforten
harren deiner

versprechen
Versprecher
Himmelwärts.

Hohlweg

Herolde werden gewechselt.
Altvertraute Botschaften
wehen in neuen Gewändern
durch das Land.
Unter der Friedhofserde
ruhen gesichtslose Würdenträger,
kalt wie Steine.
Gut und Böse haben für sie
ihre Schrecken verloren.
Zugvögel kommen und gehen
wie Erinnerungen.
Unvermittelt streckt mir die
allmächtige Zeit ihre knochige
Hand entgegen.
Auf der angrenzenden
Herbstwiese lassen Kinder
Drachen steigen.
Gut und Böse stehen
in den Lüften und singen
Lieder auf die Zukunft
wie Erinnerungen.

Horizonte

Behütete Vorurteile hängen
über Wirklichkeiten wie
unberührbare Abdeckplanen.

Es gibt Bücher, da steht
das Wesentliche gut versteckt
zwischen den Zeilen
und Heime, da pochen
Bewohner ungehört
gegen Wände.

Ab und an erwachsen
Menschen aus dem Kompost
verrohter Gesellschaften
und strahlen in die Welt wie
Weihnachtslichter herausge-
putzter Prachtstraßen.

Und manchmal geschieht es,
da braust nährende Liebe
wie eine Sturmwelle über
dunkelkalte Gewissheiten
und hebt uns über die
Festungsmauern
der Ignoranz.

Implikation

Morgen wälzt ein Wandel heran,
der heute im Verborgenen keimt.

Verlustangst lenkt, wie eine
schmerzhaft sitzende Dornenkrone,
die Gedankenströme der Bewahrer,
doch die Weichen werden anderswo
gestellt.

Über Nacht geschieht es, da werden
Recht schaffende zu Straftätern,
Rechtschaffene zu Schuldnern,
Geächtete zu Heroen erklärt.

Unberührt dreht sich das
Universum Mensch konstant
um die eigene Achse.

In diesem Augenblick rollt
ein Wandel über uns,
um dessen Quelle niemand weiß.

Intermezzi

Gedanken werden konserviert,
einbalsamiert in Papiergebinde,
verwahrt in Schließfächern.
Man baut Festungen,
sie zu bewahren.
Aufgeschlossene Besucher
wandeln ehrfürchtig flüsternd
durch die Werkreihen toter und
lebender Geister, als gingen sie
über einen Gottesacker.

In den Festungskatakomben
kämpft man unsichtbar gegen
das Vergessen.

Um sie herum erschallen die
formenden Hammerschläge der
Zukunft wie ein Dauerfeuer,
dass unscr Weltbild unentwegt
von oben nach unten pflügt.
Die Baumeister des Fortschritts
setzen Brückenpfeiler der Ver-
änderung. Fortschritt mumifiziert
Gedanken.

In uns

Menschen kommen und gehen,
leben in Erwartung auf morgen,
nächstes Jahr, irgendwann.
Der Moment reduziert auf
funktionierende Automatismen
außerhalb der Reichweite
bewussten Denkens.

Wir tragen unsere seelischen
Wunden verborgen wie Schuld-
sprüche. Durchhalteparolen,
gerade halten, keine Schwäche
zeigen, eingehämmert in die Köpfe
der Ängstlichen wie Mahnmale.

Ich schlafe gern bei dir, ohne
Erwartung. Dein du, dein Mutter-
schoß, alles an dir, sind meine
stärkste Schwäche. Ich schlafe
gern mit dir. Mit dir schlafen ist
Leben leben. Stehe ich in dir,
gibt es nur noch den Moment
außerhalb der Reichweite
bewussten Denkens.

Kettenglieder

Ein harter Tag. Er nagt an mir.
Die Trauerfeier ist gut besucht.
Wenige Meter vor mir ein ge-
schmückter Sarg. Davor, nach
rechts versetzt ihr Bild auf einer
Staffelei, ein Porträt aus der
Galerie der Schöpfung. Wir alle
stehen in einer Warteschlange
wie Kettenglieder, die sich im
Zahnkranz des Lebens fest-
krallen. Mit ihr verweht ein
Teil meiner eigenen Geschichte.
Noch kann ich ihre Stimme hören.
Sie klingt in mir nach wie eine
Melodie, die Herzen in Tiefen
hebt, in der Gefühle an den
Gefilden einer Schönheit
entlangfließen, für die es
kcine Worte gibt.

Die Gemeinde setzt sich in
Bewegung. Vorbei an Grab-
steinen, die aufgereiht sind,
wie eine Ehrenformation Sol-
daten, die Spalier stehen zum
letzten Geleit.

Mit jedem Schritt werde auch ich
mehr und mehr zur Erinnerung.
Dann sehe ich wieder ihr Bild
vor mir und lächle. Ich durfte
sie kennen. Welch ein Geschenk!

Kipppunkt

Aschfahl saß er am Tisch,
wie eine erloschene Lampe.
Ein schepperndes Geräusch
ließ ihn aufsehen.
Sein Blick war starr
in die Ferne gerichtet,
so als schaue er in eine
andere Welt. Eine Welt,
wo man ungewollt
sich selbst begegnet,
wenn das Innerste
zusammen stürzt.
Dabei kann es geschehen,
dass Mut und Verzweiflung
einen Zweikampf auf
Leben und Tod führen.
Dies ist wie ein Gang
über eine unsichtbare
Grenze. Ein Gang, der
uns zeigt, wer wir sind.

Kreuzwege

Der Berg stemmt sich in
die Luft wie ein prähistorischer
Vogel, der alles im Blick hat,
die Gratwanderung des Seins,
die Lichter der Sterne.
Sein Stundenglas, ein tiefweites
Universum, hinterlässt Spuren
im Gemüt. Wer alles ist hier
schon gestorben, in seinem
tiefsten Innern? Uralte Felsen,
uralt, uralt. Sie flüstern Namen,
sie flüstern von Furcht und
Begehren, sie decken den Tisch.
Sie lauschen den Tritten im Eis,
sie lauschen den Stimmen der
Wanderer, den Gesängen des
Windes. Sie lauschen, lauschen,
lauschen.

Am Fuße des Berges pflügt ein
Bauer morgenfrische Felder.
Aus der Höhe seines Traktors hat
er alles im Blick. Wer alles ist
hier schon gestorben, für diesen
Flecken Erde. Sie flüstert Namen,
sie flüstert von Furcht und

Begehren, sie deckt den Tisch.
Sie lauscht den Schritten im
Gras, den Stimmen ihrer Kinder,
den Gesängen des Windes. Sie
lauscht und lauscht und lauscht.

Inmitten der Äcker steht ein
verwaistes Feldkreuz. Alles, was
gut daran ist, lebt in uns weiter
wie eine innige Umarmung. Sie
lauscht hinein, in das tiefweite
Universum unserer Seele.
Sie flüstert Namen, sie flüstert
von Furcht und Begehren, von
der Gratwanderung des Seins.
Sie flüstert von der Kostbarkeit
des Augenblicks, sie deckt den Tisch.

L i c h t

Mein Herz,
der Herbst frisst
uns das Sommergrün,
zweischneidig sind
unsere Nächte.

Sieh nur,
der Abendrest steigt
empört aus dem
salzlosen Morast
zerflossener Träume,
verdichtet auf ein
Gramm Hoffnung.
Darin wird alles
Licht geboren,
wieder und wieder
und wieder.

Fühl nur,
wie es uns hebt
über die steinernen
Wälle der Nacht.

Lichtzwang

Erwartungen
öffnen die Tore.
Freude geht
Zuversichtshandlungen
voraus.
Schwungvolle
Hoffnungsmelodien
geben den Takt vor.
Tausendfüßler folgen
ihren verlockenden Klängen.
Die Regale der Sehnsucht
sind prall gefüllt.

Lieder

Manchmal geschieht es,
da geht man ins Leben hinein,
wie in einen Dschungel.
Man bewegt sich nur auf Sicht.
Alle Sinne sind gespannt,
wie die Feder eines Gewehr-
schlosses. Wahrheit hat viele
Fenster. Der eigene Herzschlag
übertönt alle anderen Lieder.
Manchmal geschieht es,
da steht man in seinem
eigenen Dschungel.

Macht

machtlos	macht	arbeitslos
arbeitslos	macht	mittellos
mittellos	macht	freudlos
freudlos	macht	trostlos
trostlos	macht	sprachlos
sprachlos	macht	mutlos
mutlos	macht	hilflos
hilflos	macht	hoffnungslos
hoffnungslos	macht	haltlos
haltlos	macht	sinnlos
sinnlos	macht	leblos
leblos	macht	machtlos

Metamorphosen

Gefühle umranken
unsre Gedanken,
Gedankenmühle
umgarnt Gefühle,
gefühlte Gedanken,
gedachte Gefühle,

verwobenes
Gedankengefühlgewühl,

nicht sichtbar,
meist schwelend,
mitunter vertraut,
manchmal fremd,
selten im Einklang,
dauerpräsent,

steuern
von lautlos gerissen,
über flüsternd dazwischen,
bis schreiend zerrissen,
uns,

sind
Lotse der Wandlung,
Stempel der Handlung,

durchlaufen
schleichend bis jagend,
Metamorphosen
zu tausend Gestalten,

werden sichtbar
für Andere,
in unserm Verhalten.

Moosgrün

Dein Herz ist verschlossen.
Nachrichten durchdringen
dein Ohr. Dein Körper ist leicht
vornübergesunken, so, als setze
er zu einem Sprung an um
aus sich selbst ausbrechen.
Viel zu lange war ich fort,
fort von dir.
– Ohne dich bin ich heimatlos,
bin ich ein Haus ohne Fenster – .
Mit dir bin ich Eins.
Mit dir tragen meine Gedanken
wieder bunte Kleider.

Du und ich, wir reisen mit
leichtem Gepäck, die schweren
Lasten sind in uns.
Mit jedem Lidschlag fällt
ein Augenblick aus der Zukunft
in das Jetzt, rinnt in den Ruck-
sack der Erinnerungen, wird
Marschgepäck, während wir
dem Himmel zuwachsen.

Mein Denken hat viele Väter
und Mütter. Meine Liebe für dich
kennt keine Quelle.

Mysterien

Gedanken fallen wie Regen-
tropfen auf Krumen der
Hoffnung.
Viele versickern, etliche
werden morastiger Grund,
wenige werden Saat.
Aus mancher keimt Liebe,
- ohne Rüstung und Gedächtnis -
etliche vergären, wenige
werden ein Baum.
In seinem Schatten wohnt
der allmächtige Scharf-
richter Zeit und nimmt Maß.
Jeder Baum fällt zu seiner
Stunde auf Krumen der
Hoffnung.
Manche verdorren,
etliche werden morastiger
Grund, viele werden Saat.
Mysterien kennen keine
Kompromisse.

Nachrichten

Königreiche, Lebensjahre
versickern im Sand der Zeit.

Alte Städte werden ausgegraben.
Völkerschlächter veratmeter
Imperien hängen als Ikonen an
Werbetafeln der Erinnerungs-
kultur. Sie schauen auf uns
herab, als wollten sie sagen,
„seht wohin ihr geht".

Heldenkult und Armut werden
von Generation zu Generation
weitergereicht wie kostbare
Trophäen.

Ich liege auf der Wiese und
träume von anderen Menschen.

Nachsicht

Der Mangel wird fetter
und fetter. Ein Kreis aus
hundert Menschen, aus
hundert Mosaiksteinen der
Wirklichkeit, steht mittig
am Rande, wie eine Schar
Auserwählter.
Getanes, gesagtes lässt
sich nicht zurücknehmen.
Genugtuung hängt am Tropf
der Ungewissheit.
Richter sind unterwegs.
In ihnen ist Freude.
Ihre Felder sind bestellt.

Noch ist Zeit

Die Zeigerschatten werden
mächtig, noch glimmt in uns
überaschter Traum.

In bestellten Wortspurgattern
lebt sichs meist unerhört ruhig
und ängstlich schmächtig, nur
Leben spüren, spüren wir kaum.

Noch ist Zeit abzuzweigen, aus
den Gängen, abzuwerfen was
uns engt, vom Blickdichtglanz
uns zu entglänzen, der unser
Glutlicht bleiern dämmt.

Noch ist Raum zum Selber
werden, feist und prall vor
Leben sprühen, bevor wir in
der Dämmlichtnacht, wie
unsere Träume leis verglühen.

Ortung

Verliere dich nicht an
gestern.
Dort in der Brache
ruht dein redlicher Traum.
Die Mirakel der Ewigkeit
liegen verborgen hinter
einer Nebelbank.
Jetzt ist der Herr und
Meister deiner Stunde.

Parkour

Ein Mann spielt auf einer
Geige fremde Gedanken.
Volieren öffnen sich für
einen Wimpernschlag.
Es riecht nach Freiheit.

Die Fernschachpartie zieht
sich hin. Ich bin am Zug
– im steten Kampf gegen die
Uhr –, auf der Suche nach
verborgenen Möglichkeiten.
Vorsicht und Wagemut
liegen im Widerstreit,
ringen mit der eigenen
Reichweite. Hier lernt
man im Stillen. Hier
lernt man gehen in den
Unwägbarkeiten.

Perlengras

Schlagbäume stehen im Land
wie Wachtürme. Sie sprechen
zu uns ohne Stimme, gleich
abweisenden Gesichtern, vor
denen man steht und nicht
weiß wie es weitergeht.

Gewohnheit, dieses süße Gift,
wuchert in mir, geht im Gleich-
schritt mit der wachsenden
Angst vor Veränderung.

Es gibt Gesetze
zum Schutz der Schlagbäume
mit ihren abweisenden Gesichtern.

Manches Mal hänge ich in
den Seilen des Lebens wie
angeschlagener Boxer, der
nicht weiß wie es weitergeht
und dennoch nicht aufgeben will.

Gräser stehen im Land wie
Perlen. Sie sprechen zu uns
ohne Stimme, mit Gesichtern
die wir nicht lesen können,
wie unser Spiegelbild.

Perpetuum

Menschenalter auf Menschen-
alter geht durch das Dickicht
des Zwiespalts. Grabsteine er-
zählen von dem was war und
dem was auf mich wartet,
fern aller Zweifel.
Besitz, Karriere, Macht
unwichtig. Meine Gastrolle
verlangt mehr von mir.
Ich kann die Landstraße ein-
einsehen wie eine Bühne, auf
der wieder und wieder Dramen
inszeniert werden. Auf dem
gräulichen Asphalt gibt das
Tempo den Takt vor gleich
einem Dirigenten, der rollende
Orchester vor sich hertreibt.
Jedes Fahrzeug ein sensibles
Instrument.
Es kühlt ab. Die Dämmerung
sinkt herab wie ein Bühnenvor-
hang. Die Vögel sind verstummt.
Hier und jetzt herrscht Totenstille.
Im Erdreich, in mir tobt das Leben.
Es ist Zeit. Die Landstraße wartet
auf mich. Du wartest auf mich,
fern aller Zweifel.

Phönix

Werber ziehen im Fortschritt
durch Länder. Münzdämme
säumen die Wege. Lauwarme
Herzen lächeln wohlwollend.
Fleischduftente Logenplätze
locken Scharen über Scharen
an die Herde. Aus dem Äther
künden Legenden vom Fluge
des Phönix. Versprechungen
durchkreuzen die Lüfte.

Pole

Zahlreiche	Zahlarme
Arme	Reiche
Crash	Cash

Radien

Vor mir ein Blätterwald
überkronter Vorurteile.
Gut und Böse stampfen
gesichtslos durch das
schwarzgraue Zeilenmeer
wie ein Frachtschiff
durch aufgewühlte See,
– ein Frachtschiff,
dass in seinem Bauch
nichts als die Wahrheit
trägt, so sagen die Eigner –.
In mir glimmen
voyeuristische Zweifel,
dumpfe Ahnungen einer
heranbrausenden
Havarie. In dieser
Denktunnelschwärze
will ich nicht bleiben.
Ich halte Ausschau
nach einer Lichtung
Wahrhaftigkeit,
nach Frühlingsblumen,
nach meiner Verortung.

Randnotiz

Der Zug rollt in die Vorstadt
ein, vorbei an zwei Wohnsilos,
– den Armenhäusern reicher Länder –.
Ihre betongrauen Fassaden recken
sich dem Himmel entgegen, wie
die Arme eines Ertrinkenden, der
lautlos nach Hilfe ruft.

Die Lokomotive zieht uns weiter
und weiter. Wir überrollen Brücken,
queren Straßen, deren Ränder
zugepflastert sind mit ruhig
gestellten Fahrzeugen.

Abrupt geht die Landschaft über
in ein Meer von Bäumen. Bruch-
stückhaft blitzen Anwesen
steingewordener Träume aus dem
Blättersiebdach hervor.

Wehrhafte Zäune umrahmen
die Oasen der Glücklichen. Nur
wer die Losung kennt, darf passieren.
Hinter ihren Fassaden regiert
Angst, die man nicht sehen soll.

Reflexion

Draußen rauscht die Welt.
Selbstverklärend wie die
Altvorderen wühlen wir in
ihren Eingeweiden.
Ich habe mich mit meinen
Brüdern und Schwestern
festgesetzt in der
Endlosschleife des
Haben wollens.
Willkommen Nacht,
Fallrohr meiner Träume.
Darinnen gärt meine Welt.
Selbstverklärend leuchte ich
im Feuerschein der
Entrüstung.

Reim

Die Greise waren bitter.
Wen hatten sie nicht alles
denunziert, um die Diktatur
zu überleben.
Und nun das!
Ihre alleinstehende Tochter
schenkte Ihnen ein
Enkelkind.
Sie sprach von Liebe.
Sie sprachen von Schande.

Rückkehr

Hier, genau hier, genau
jetzt steht alles still.
Ich liege auf einem
Hotelbett, starr wie
ein Gedenkstein.
Nur meine Gedanken,
meine Augen bewegen sich,
dem gelebten hinterher.

Draußen, Milliarden
Schwestern und Brüder,
die essen, schlafen, lieben.
Eine tausendsprachige
Armada anonymer Leiber, die
sich über den Planeten wälzt
wie ein pyroklastischer Strom.
Hier, genau hier, genau jetzt,
bin ich nah an mir, meinem
ich und lerne von dem,
der ich war.

Spaltgedanken

Wer das Wort führt
in den Schluchten
unduldsamer Gewissheit,
spricht von der
Richtstätte Dogma her.
Schmerzhaft laut
wogt das Dunkel.
Der Dorn Unfreiheit
sprießt zwischen den
Worten, blüht auf
im zerrissenen Aug,
im streunenden Herz,
im humpelnden Tanz
um schwebende Kälber.

Straßen

Hungerbanken
führen Sehnsuchtskonten
darbender Herzen.

Auf Börsenplätzen
der Macht verwalten
Hofschranzen moralisierend
Soll und Haben.

Blätterwälder singen Lieder
von dem, was Menschen
möglich ist.

Im Duktus abgetragener Jahre
bauen wir die Straßen
die wir gehen.

Strömung

Mit Worten den Kalender
übermalt.
Ein Grubenstollen verwahrt
eingeschlossene Bergleute.
Wasser dringt hinein,
steigt und steigt.
Helfer heben Steine an,
schöpfen und schöpfen
bis zur Erschöpfung.
Im Hintergrund gehen die
Schöpfer der Headlines
erregt auf und ab.
Schlagzeilen, die Morgen
von Gestern sind, strömen
in alle Himmelsrichtungen,
begehrt wie Kostbarkeiten.

Tafelfreuden

Ich stehe am Strand.
Am Horizont schwebende
Tanker in flirrender Luft.

In ihren dickwandigen
Bäuchen schwimmt
schwarzes Gold.

Ein Liebespaar geht
achtlos an mir vorbei.

Tote Fische werden
angespült, Ihre Leiber
funkeln im Sonnenlicht
wie Tafelsilber.

Hinter den Dünen
wird das schwarze Gold
der Druckerpressen
angeworfen.

Treppenspiel

Ungehemmt wie eine Flut,
frisst sich das Leben
durch die Knochen.

Unter dem Tarnmantel
des Klabautermannes
blühen die Geschäfte
mit der Angst,
– vor dem Leben –
– nach dem Leben –.

Der Himmel hängt voller
Liebe. Wahre Liebe
verspricht den Himmel
auf Erden.

Unter dem Tarnmantel
des Klabautermannes
blühen die Geschäfte
mit der Liebe.

Losglück bestimmt,
wer im Palast wohnt,
wer die Bettelschale hält.

Überall

Außerhalb der
Erwartungen liegt
das unbekannte Land.

Das Boot für die Über-
fahrt ankert unter dem
Geäst des Vertrauten.
Der Pfad zum Anker-
platz ist überwuchert mit
dornigem Gestrüpp aus
Zweifel und Zuversicht.

Bronzene Messer
spuren die Fährte. Zu
viel Besitz wird Ballast.
Den Äußeren kann man
aufgeben,den Inneren
nimmt man mit.
Überall hin.

Unser Schritt schäumt
die Wellen und würzt
die Zeit.

Überläufer

Eingefremdete Wünsche,
feinstfügig eingesunken
selbst in kleinste
Herzwinkel.
Fest umschlungene
Bedeutungslosigkeiten
entsteigen den Jahres-
scheiben wie modernde
Pergamentrollen.
Zwischen verblassenden
Hieroglyphen leuchtet
das Eigentliche ich
das heraus will.

Umland

Zum ersten Mal streife ich
durch die engen Gassen
und weiten Kirchen dieser
altmächtigen Stadt. Diffuse
Gefühle der Vertrautheit
beschleichen mich. Als wäre
ich einer, der nach Jahren
in der Fremde heimgekehrt ist.
Mit jedem Schritt, bei jedem
verweilen, schnappen welk
gewordene Erinnerungen
nach mir gleich Häschern
nach einem lange Gesuchten.
– Wie kann das sein? –
Kalte Furcht kriecht in mir
hoch, zieht sich zu, enger
und enger, als würde mir
mit einer Schraubzwinge
die Atemluft abgepresst.
Fluchtreflex – ich muss
hier weg –, gehe zügig,
beginne zu laufen, schneller
und schneller, fliehe vor
dem Unfassbaren wie vor
einem lebensbedrohenden
Fremden, fliehe vor mir selbst.

Unterwegs

Im Verborgenen schlummern
Dunkelgefühle. Sie kommen
in der Dämmerung, treten
aus der Schattenwelt des
Vergessens, gehen neben-
einander her, gehen voraus.
Die Vergangenheit kommt
nicht zur Ruhe. Zukunft ist
ein leeres Gefäß. Ich bestelle
die Landschaft meiner
fassbaren Erwartungen.
Eine Momentaufnahme.
Morgen beginnt hier.
Vorurteile werden durch-
gereicht wie Stabhölzer im
Staffellauf. Sie sprießen in
Köpfen wie Unkraut aus der
Erde. Werden größer,
werden zu Apfelbäumen,
werden Gesichter,
werden Gitterstäbe,
werden Steine.

Verdacht

Es gibt Begebenheiten,
da ist es erhebend,
Menschen zu idealisieren,
die dem Morast der
Massen entstiegen sind.
– Wie oft, wie laut muss man
helfenden Händen zubrüllen
ich bin´s, den ihr sucht,
ich bin´s! –
Die Mysterien des Glücks
folgen eigenen Gesetzen,
die ich nicht kenne.

Verweis

Ein weißer Flügel
hebt den Morgen aus
der Nacht. Herz, dem das
Zeichen fiel, hat seine
Schlachten geschlagen.
Das Aug sieht wahr,
sieht die eigenen Schritte
vom Tanz zum Staube.

Ein weißer Flügel fegt
mit eherner Stimme
steingewordene Tränen
aus meinem Herzen.
„Freue dich Mensch,
eine schönere Welt
wartet auf dich.
Eine Welt, in der
du geliebt wirst,
so wie du bist,
in einer Reinheit, für
die es keine Worte gibt.
Sei dankbar Mensch,
alles wird wie es sein soll.“

Ein weißer Flügel umfängt
mich wie ein Festgewand.
So träumte mir.

Wahrheiten

Manchmal geschieht es, da
steht man wie ein Spaltholz
zwischen äußeren und inneren
Wahrheiten.
Mit jedem Atemzug wächst um
uns das Land des Vergessens
wie eine unberührte Schnee-
landschaft, durchbrochen von
schwarzgrauen Steinen der
Erinnerung. Einige groß wie
Altäre. Ab und an nimmt man
Platz auf ihren mit Wehmut
gedeckten Dächern und hält
Zwiesprache mit Versäumtem,
während unser innerster Quell
Wahrheiten schemt, die niemand
vorherschreiben kann.
Manchmal geschieht es, dass
man sich mag, weil man weiß.

Was sei

An den
faserigen Ufern
meines Herzens
wiegen sich
turmhohe Gedanken
auf den Kämmen
dessen was sei,
gingest du, wie ich
in den Pflugfurchen
deiner Worte
„wir Beide".

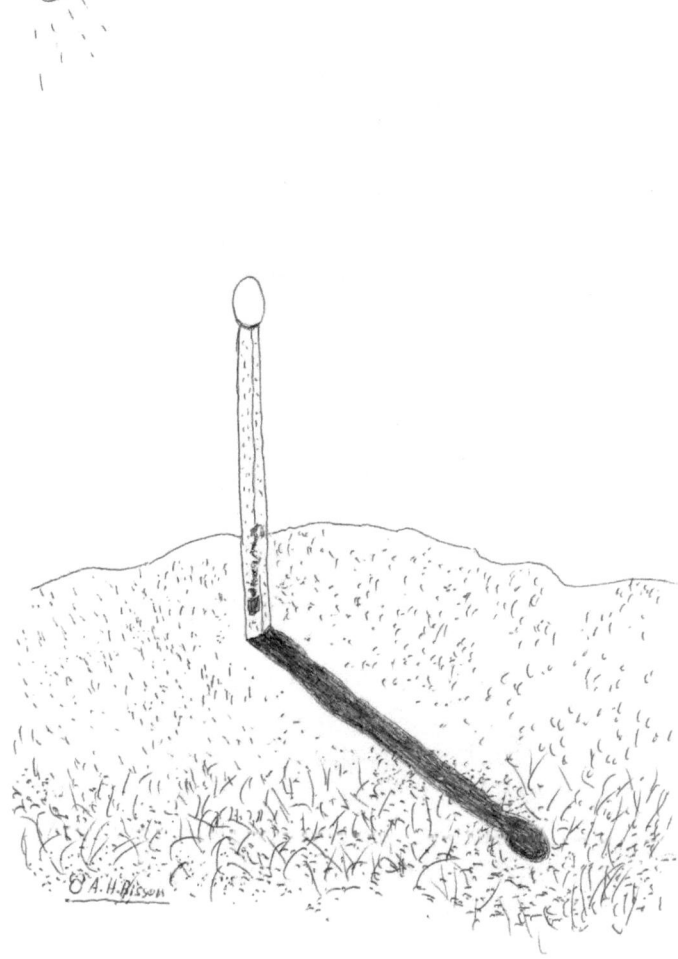

Werden

Die Zeigerschatten werden
mächtig. Noch glimmt in uns
überaschter Traum. In bestellten
Wortspurgattern lebt sichs meist
unerhört ruhig und ängstlich
schmächtig, nur Leben spüren,
spüren wir kaum.

Noch ist Zeit abzuzweigen
aus den Gängen,
abzuwerfen was uns engt,
vom Blickdichtglanz
uns zu entglänzen,
der unser Licht
zum Schatten dämmt.

Noch ist Raum für selber
werden, hin zu neuen Weiten
ziehen, bevor wir in der
Dämmlichtnacht wie unsere
Träume leis verglühen.

Wiederkehr

Am Eingang zur Liebe ein
brennender Docht, der die
Schatten blendet. Ein Linienbus
hält, spuckt Menschen aus,
die auf ihrem Weg sind.
Passanten, eine anonyme Menge
im Tunnel der Gleichgültigkeit,
kreuzen die Haltestelle.
Irgendwo spricht ein Bischof
salbungsvolle Worte über Liebe,
den Antichristen, über den
Ersten unter Gleichen.
Resignation und Hochgefühl
gehen Hand in Hand wie
Ebbe und Flut. Der Geist
der Freiheit weht unter den
Sternen. An der Bushaltehalte-
stelle sammeln sich Wartende.
Motorenlärm nähert sich grollend.
Jeder will Erster sein. Gesenkte
Häupter, umgehängte Taschen,
müde Augen. Der Tag räumt das
Feld der wärmenden Nacht, diesem
Rastplatz der Sehnsucht. Aus den
Untiefen des Menschseins krauchen
Bilder von höheren Idealen.

Zenit

Der Heimweg ist lang.
Meine Gedanken fliegen
meinen Schritten voraus,
tauchen unter, kehren zurück.

Du siehst mich an,
du siehst mich
mit einem Blick,
der alles verzeiht.
Dein Aug spricht
mir von Geborgenheit
wie das Gasthaus
in dem ich raste.
Hier gibt es Menschen,
die käuflich sind,
andere tragen
ihr Unglücklichsein
vor sich her
wie eine Standarte
des Leidens.

Ich sehne mich nach dir,
deinem unbestechlichen Aug.
Dein Blick, ein Stillleben
aus Glück, setzt meiner
Hoffnung die Segel.

Z u   m i r

Durch die Tage gehen
aufrecht, selbstbestimmt.
Das Innerste aufgraben.
Aus dem Hort der Selbstzweifel
kommt eine geifernde Hand,
schmerzhaft zupackend.
Damit bin ich Alleine.
Es ist schön zu spüren,
dass ich noch will,
weiter will.

Zu sich

Welle auf Welle
rollt über die Tage
und Nächte.
Welle auf Welle
rollt über das Gemüt.

Blitzgewitter befeuern
das Aug.
Es nimmt und nimmt.
Oktavenreigen besingen
das Ohr.
Es nimmt und nimmt.

Sperrfeuer erhellen
Frontlinien des Erträglichen.
Flüchtige Sicherheit
fällt schreiend in
vergessene Gräber.
Pittoreske Flure
laden zu sich.

Vergeude dich nicht,
mein Aug,
vergeude dich nicht,
mein Ohr,
vergeude dich nicht,
mein Herz.

Nachwort

„Außerhalb unserer Erwartungen liegt das unbe-
kannte Land." Dieser Leitsatz Bissons gleicht einem
Türspalt, der den Blick frei gibt auf ein lyrisches Pa-
norama des Menschseins mit seinen Konflikten („Ge-
wicht"), Widersprüchen, Leidenschaften, seinem un-
stillbaren Hunger nach Liebe („In uns") und der Sehn-
sucht nach einer schöneren Welt („Nachrichten").
Lebendige Gedichte, die in kraftvoller, bildhafter
Sprache daherkommen.
Gedicht für Gedicht ein sprachlicher Genuss, wo
sich der Leser so wie ich, in dem einen oder anderen
sicher wiederfindet.

Charlotte Heck

Über den Autor:

Armin H. Bisson, geboren 1957 in Landau in der Pfalz. Nach Schule, Berufsausbildung, Militär und Studium reiste er durch viele Länder. Mit Anfang vierzig begann er zu malen und zu schreiben. Seine Poesie ist ein Kaleidoskop gelebter Erfahrungen, Erinnerungen und Beobachtungen.

Auch zieht es ihn immer wieder zur Malerei und dem Zeichnen. Über die Jahre hat er zahlreiche Ausstellungen durchgeführt bzw. an Gemeinschaftsausstellungen teilgenommen.

Weitere Informationen über den Autor und sein Werk unter   www.lyrrealismus.de

Bisherige Publikationen BoD Verlag:

2019 ▪ MENSCH GEDICHTE	2021 ▪ LIEBES GEDICHTE
o Softcover/Paperback 76 Seiten, Format DIN A5 35 Texte nebst 21 Illustrationen SBN 978-3-75-041216-3	o Softcover/Paperback 100 Seiten, Format DIN A5 52 Texte nebst 22 Illustratio- nen ISBN 978-3755726876
o Ebookausgabe: Format; ePUB, 1,6 MB ISBN-13: 978-3755789222	o Ebookausgabe: Format; ePUB, 1,6 MB ISBN-13: 9783750484399

Bisherige Publikationen Eigenverlag:

Armin H. Bisson

Gedichte

Mensch Liebe Gesellschaft Engel

BAND II

2014 ▪ GEDICHTE BAND II

Softcover/Paperback
52 Seiten, Format DIN A5
21 Texte nebst 3 Illustrationen
ISBN 978-3-00-0044766-2

2014 ▪ GEDICHTE

Ebook
55 Seiten - Dateigröße 505 KB
28 Texte nebst 4 Illustrationen
ISBN 978-3-00-046568-0

LYRREALISMUS

Armin H. Bisson

Armin H. Bisson

Gedichte

Mensch Liebe Gesellschaft Engel

2003 · LYRREALISMUS

Lyrischer Bildband
Softcover/Paperback
54 Seiten, Format DIN A4
12 Texte nebst 12 Abbildungen
ISBN 978-3-00-029402-0

2013 · GEDICHTE

Softcover/Paperback
50 Seiten, Format DIN A5
20 Texte nebst 3 Illustrationen
ISBN 978-3-00-040712-3